SANT✝S

VIRTUDES Y MILAGROS

TIKAL

Proyecto de Tikal Ediciones, con la colaboración de
Roberto Uriel Herrera y Rocío Cuenca Farrona
Textos: Maite Izquierdo
Maquetación: Rocío Cuenca
Diseño de cubierta: Roberto Uriel Herrera
Preimpresión: Natalia Rodríguez

© SUSAETA EDICIONES S. A
Tikal Ediciones, S.A.
C/ Campezo, 13 - 28022 Madrid
Tel.: 91 3009100 - Fax: 91 3009110
general@susaeta.com
www.susaeta.com

SANT✝S

VIRTUDES Y MILAGROS

SUMARIO

INTRODUCCIÓN

En el siglo I de nuestra era ocurre un hecho que marca un hito en la historia del cristianismo: la muerte de Jesús de Nazaret, crucificado en Jerusalén en el año 30 por orden de Poncio Pilato, gobernador de Judea. En sus últimas palabras, Jesús encomienda a sus apóstoles predicar la palabra de Dios («Id por todo el mundo y predicad el Evangelio a toda criatura», Mc. 16:15), y ellos comienzan a transmitir sus enseñanzas. La fe cristiana se extiende rápidamente por todo el Imperio romano.

Pero la nueva religión, monoteísta, en la que se adora a un solo dios, único y verdadero, surge en el seno de una sociedad profundamente pagana y politeísta donde conviven cultos muy distintos y se venera a un buen número de dioses, a héroes y a muertos. Y además, en un territorio dominado por Roma, que impone sus leyes, su política y sus costumbres, muy contrarias a las que enarbola la fe cristiana. La transición desde el paganismo al cristianismo se produce finalmente, pero no será fácil. El monoteísmo tardará en implantarse. Y en esta transición, el culto a los santos jugará un papel muy importante.

Dioses, héroes y... mártires

En Roma no se veía con buenos ojos la nueva creencia, a pesar de que los romanos fueron siempre muy tolerantes con los cultos. Pero el cristianismo era más «peligroso». Sus ideas sobre la sociedad amenazaban el orden establecido: la adoración a los emperadores como si fueran dioses que practicaban los romanos, la enorme desigualdad existente entre las diferentes clases sociales, la querencia por las guerras y batallas… Para los cristianos no había más dios que el suyo. Proclamaban el amor frente a la guerra, defendían a los pobres y a los hambrientos, creían firmemente que un buen cristiano debía llevar una vida de renuncia y sacrificio. Y por si esto fuera poco, pretendían convertir a los romanos y «salvarlos» así del «mal».

Así que, ya en vida de Jesús, el Imperio comenzó a perseguirlos. Se los expulsaba de los lugares públicos, se los insultaba y golpeaba, se les arrojaban piedras, se los acusaba de alterar el orden, eran encarcelados y torturados, llevados al circo y entregados a las garras de los animales o al filo de las espadas. Nacieron así los primeros mártires, que asumieron el sacrificio que debían soportar para defender su fe. Morían por los demás. Y su muerte, según las enseñanzas de Jesús, también martirizado, los acercaba a Dios.

La de los mártires era, además, una muerte heroica, así que no es de extrañar que los cristianos de aquella época, en la que la mitología ensalzaba a los héroes, consideraran así a los mártires: auténticos héroes que morían valientemente por la causa cristiana. Y puesto que al morir se situaban cerca de Dios, también eran para ellos «santos». La palabra «santo» procede del latín *sanctus*, derivada, a su vez, del verbo *sancire*, uno de cuyos significados es «que es capaz de interceder entre los humanos y los dioses». Pensaron, pues, en dirigirse a ellos para solicitar su intercesión ante Dios y obtener ayuda y protección.

Tumbas y reliquias

Tras las ejecuciones, los primeros cristianos acudían a recuperar los restos de los mártires. Existen testimonios de personas que saltaban a la arena del circo en busca de algún fragmento del fallecido, algunas incluso recogían su sangre con esponjas. Como en aquella época era costumbre la veneración de las reliquias, guardaban algunos de estos restos para luego adorarlos. Otras veces, los enterraban en tumbas secretas. Se inició la costumbre de reunirse en el lugar donde habían sido martirizados y celebrar una misa en su honor. Aunque se conmemoraba el día de la muerte, pensaban que aquella era la fecha del nacimiento del mártir a su nueva vida junto a Dios. Y así fue como las tumbas de estos hombres y mujeres se convirtieron en lugares de culto.

Después de los mártires, ascendieron a la categoría de santos otras personas que habían sufrido persecuciones y torturas por defender la fe cristiana: confesores, obispos, apóstoles, profetas… Se levantaron iglesias sobre las tumbas donde reposaban sus huesos y más tarde comenzarían las peregrinaciones a esos lugares, considerados sagrados.

El fin de los mártires

En el siglo IV, el cristianismo se había impuesto ya en muchas zonas del Imperio. Los obispos y monjes eran considerados líderes, y el emperador Constantino comenzó a temer un gobierno difícil sobre una población tan dividida. Decidió entonces suavizar las diferencias y tomó la decisión de poner fin al martirio de los cristianos: en el año 313 promulgó el Edicto de Milán, en el que establecía la libertad de culto y prohibía las persecuciones contra los grupos religiosos. No habría más mártires en Roma.

El paso siguiente lo dio en el año 380 el emperador Teodosio I, el Grande. Teodosio no solo se convirtió al cristianismo, además promulgó el Edicto de Tesalónica, mediante el cual el cristianismo se declaraba religión oficial del Imperio. Unos años más tarde, en 392, prohibió el paganismo y toda práctica que no fuera cristiana. Incluso clausuró algunos templos. Fueron años de persecuciones, esta vez en sentido contrario: se acusaba de paganismo a todo aquel que no profesara la fe cristiana o cuestionara algunos de sus preceptos, lo que dio lugar a sucesos como el asesinato de la filósofa y matemática Hipatia de Alejandría.

De mitos a santos

El cristianismo ya había logrado ser la religión oficial del Imperio. Pero el paganismo se resistía a desaparecer, sobre todo entre los nobles y la aristocracia romana. Lograr que ciertas costumbres paganas y el cristianismo convivieran pacíficamente iba a ser una difícil tarea. Aunque tal vez no tanto…

Algunas de esas costumbres «paganas» consistían en venerar reliquias e iconos y poner velas a un buen número de dioses para obtener de cada uno los beneficios y favores que prometían. No era descabellado permitir a los nuevos cristianos continuar con sus viejas prácticas… siempre y cuando las adaptaran a su fe. Es decir, podían sustituir a sus antiguas deidades paganas por

los santos. Así lo explicaría más tarde el teólogo Juan Calvino en su *Tratado de las reliquias*, que escribió en el siglo XVI: «San Antonio de Padua, al igual que Mercurio, recupera bienes robados; San Huberto, como Diana, es el santo patrón de los deportistas; San Cosme, al igual que Asclepio, es para los médicos, etc. De hecho, casi toda profesión y todo oficio, así como todo lugar, tiene su santo

transformaron en iglesias de culto cristiano. Fue una manera de facilitar la transición hacia la nueva religión.

Cultos paganos, cultos cristianos

Tampoco era fácil para la sociedad romana abandonar tradiciones muy arraigadas. Por ejemplo, en poblaciones cuya economía dependía de la naturaleza y de los frutos que diera la tierra, era costumbre honrar a los elementos que favorecían las buenas cosechas, como el aire, la lluvia o el sol, con el fin de lograr sus favores.

Eran numerosas las fiestas en las que se rendía culto al dios Sol. La «solución» fue transformar la fiesta pagana en honor del Sol en la noche de San Juan de la tradición cristiana, con la que da comienzo el verano, la estación soleada por excelencia. Los cristianos celebran este día el nacimiento de san Juan Bautista, que bautizó a Jesús de Nazaret.

Otro ejemplo de festividad cristiana asentada sobre

patrón especial; los cuales, al igual que la tutela divina de los paganos, reciben regalos particulares de sus discípulos».

Muchos santos, algunos de los cuales, irónicamente, habían sido martirizados por los propios romanos, se convirtieron en patronos de actividades y profesiones en sustitución de los antiguos dioses y héroes paganos. Y viejos templos paganos se fiestas tradicionales paganas es la Navidad. En los últimos días del año, los romanos celebraban las saturnalias coincidiendo con el solsticio de invierno, cuando finalizaban los trabajos en el campo. Eran fiestas en honor a Saturno, protector de la siembra. La Iglesia cristiana elegiría el 25 de diciembre para conmemorar el nacimiento de Jesús (pese a que se desconoce el día en que realmente vino al mundo). La palabra «navidad» proviene del latín *nativitas*, que significa «nacimiento».

La Virgen María

Un buen ejemplo de culto cristiano a partir de un antiguo culto pagano es la devoción a la Virgen María, que vino a sustituir a la adoración de la «diosa madre», tan extendida en las mitologías del Mediterráneo. Aunque el título de Madre de Dios no se le dio oficialmente hasta el Concilio de Éfeso, en el año 431, los cristianos ya la veneraban como tal desde el siglo III.

Una de las primeras iglesias marianas de Roma fue el templo de Santa María la Antigua, ubicado en el foro romano. Allí empezó a celebrarse la fiesta de la Virgen el primer día del año, fecha en que los paganos celebraban también las fiestas de año nuevo, para darles la oportunidad de iniciarlo con espíritu cristiano.

Años más tarde, la celebración del día de la Virgen se sustituyó por la conmemoración de la circuncisión del Niño Jesús. Fue el papa Pío XI quien restituyó la festividad de María y la incluyó de nuevo en el calendario, aunque el 11 de octubre. Finalmente, en 1969 la Iglesia decidió celebrar la fiesta en su honor el 1 de enero.

Todos estos cambios del calendario contribuyeron al sincretismo de los cultos paganos con los cristianos.

¿Por qué necesitamos a los santos?

El culto a los santos se basa en la creencia en la comunión de los santos, es decir, todos los cristianos, ya sea en vida o después de la muerte, están unidos en comunión y pueden, por tanto, interceder y ayudarse espiritualmente.

Existen tres tipos de culto: la adoración o latría que se profesa a Dios; la veneración o dulía, reservada a los santos, y un tercer tipo, que es un grado superior de dulía, la hiperdulía, reservado únicamente a María, la madre de Dios.

Según el Concilio de Trento, los santos, que reinan junto a Jesucristo, presentan a Dios las oraciones que les dirigen los cristianos. Por tanto, «podemos invocarlos humildemente, y recurrir a sus oraciones y ayuda para obtener beneficios de Dios, a través de su Hijo Jesucristo Nuestro Señor».

Pero los santos no desempeñan únicamente ese papel mediador. También se han presentado siempre desde la Iglesia como modelos a seguir, y sus vidas como caminos de perfección para convertirse en buenos cristianos. El santoral incluye, además de a mártires, apóstoles, papas, obispos,

confesores y miembros de órdenes religiosas, a ermitaños y anacoretas, a vírgenes y a hombres y mujeres dedicados al cuidado de enfermos y huérfanos o que renunciaron a sus bienes materiales en favor de los necesitados. En definitiva, a hombres y mujeres virtuosos que vivieron una vida ejemplar.

Papas y santos

Muchos papas fueron canonizados por su papel en momentos claves de la historia de la Iglesia. Además de líderes espirituales, desempeñaron un papel muy importante durante los períodos de reformas y la consolidación de la fe católica.

Son los casos de **san Pedro** (s. I), primer papa de la Iglesia, nombrado por el mismo Jesús de Nazaret y martirizado en Roma por orden del emperador Nerón. De **san Clemente I** (s. I), que escribió la Carta a los Corintios, en la que defendía y reforzaba la autoridad de

la Iglesia en asuntos de fe y moral. De **san Evaristo** (s. I), que consolidó la jerarquía eclesiástica y creó las diócesis. O de **san Sixto** (s. III), elegido papa en tiempos del emperador Valeriano, que había emitido un edicto de persecución contra los cristianos. Los cuatro fueron papas en los difíciles tiempos en que los cristianos eran perseguidos, y murieron martirizados.

Entre los papas canonizados por su labor durante las reformas eclesiásticas, destaca **san Gregorio Magno** (s. VI-VII), que desempeñó un papel decisivo en la reforma del papado, reformó la liturgia e introdujo en ella el canto gregoriano, y se dedicó a consolidar la Iglesia en Europa occidental fundando misiones en Inglaterra y España.

San Pío V (s. XVI) fue el impulsor de la Liga Santa que luchó y derrotó a los turcos en la batalla de Lepanto, en 1571, y puso en práctica muchas de las reformas del Concilio de Trento.

A comienzos del siglo XX, san **Pío X** se convertiría en el gran reformador de la Iglesia. Recomendó la práctica frecuente de la confesión y la comunión (fue el impulsor de la comunión de los niños) y luchó contra las corrientes modernistas de moda en Europa.

El último papa canonizado por la Iglesia católica fue san **Juan Pablo II**, uno de los pontífices más influyentes de la historia reciente. La canonización tuvo lugar el 27 de abril de 2014, en una ceremonia presidida por el papa Francisco. Las razones para hacerle santo fueron su vida de oración, especialmente a la Virgen María, de quien fue un gran devoto, su defensa de la paz y los derechos humanos y su oposición a los regímenes totalitarios. Desempeñó un papel decisivo en la caída del comunismo, que había conocido de niño en su Polonia natal, y la prueba de su profunda fe cristiana llegó cuando perdonó públicamente al hombre que en 1981 había atentado contra su vida, causándole heridas de gravedad. También se le atribuyen algunos milagros.

Ermitaños: la vida retirada

Los santos eremitas o ermitaños dedicaron su vida a la oración y buscaban la soledad, en la que se sentían más cerca de Dios. Su ejemplo inspiró a numerosos cristianos.

San Pablo de Tebas (s. III-IV) fue el primer eremita canonizado por la Iglesia. En el siglo III, se retiró al desierto de Tebas, en Egipto, para dedicarse a la oración.

San Antonio Abad (s. III-IV) renunció a sus bienes y se marchó a orar al desierto. Allí recibió la visita de numerosos cristianos que se acercaban a rezar junto a él, hasta el punto de que debió construir edificios para albergarlos. Los llamó «monasterios», y por eso se le considera el padre del monacato cristiano.

San Simeón el Estilita (s. V) fue el ermitaño más curioso, pues decidió vivir en lo alto de una columna de más de quince metros de altura. Resistió allí más de 37 años. Tras su muerte se construyó en el lugar un monasterio en su honor.

San Bruno de Colonia (s. XI), antes de retirarse al desierto, había sido sacerdote y profesor de teología, y director espiritual del papa Urbano. Era tal el aprecio que le tenía el papa, que le rogó que abandonara su retiro y regresara a Roma. Más tarde fundaría la Orden de los Cartujos, caracterizados por su vida sencilla.

Las vírgenes

La forma de consagrarse a Dios que eligieron muchas mujeres fue preservar su virginidad. No les resultó fácil, pues en la época en que algunas vivieron era costumbre que los padres las dieran en matrimonio.

Una de las santas vírgenes más populares es **santa Cecilia** (s. II-III). Dada en matrimonio por su padre a un hombre pagano, se casó y logró convertirlo al cristianismo y que él respetara su decisión de permanecer virgen. Ambos fueron martirizados en Roma por el prefecto de la ciudad.

Santa Rosa de Lima (s. XVI-XVII) llegó a cortar su hermosa y larga melena para que su padre no lograra encontrarle un pretendiente. Permaneció virgen y soltera, y vivió recluida en su casa, donde construyó una pequeña ermita en la que oraba.

Otras mujeres ingresaron en conventos y se convirtieron en grandes místicas. Es el caso de **santa Catalina de Siena** (s. XIV), que fue nombrada Doctora de la Iglesia y, hábil como diplomática, se convirtió en una gran mediadora en los conflictos entre las ciudades italianas y el papa Gregorio XI. O de **santa Teresita del Niño Jesús**, monja carmelita autora de una autobiografía, *Historia del un alma*, que inspiró a millones de cristianos, y quien llegó a ser una de las santas más populares de la Iglesia.

Otras fundaron órdenes religiosas que defendían la renuncia a las posesiones

mundanas y el ideal de vida sencilla en la pobreza como medio de servir a Dios. Es el caso de las clarisas, orden fundada por **santa Clara de Asís** (s. XIII), o de las carmelitas descalzas, fundada por **santa Teresa de Ávila o Teresa de Jesús** (s. XVI), Doctora de la Iglesia y una de las grandes místicas de la historia del cristianismo.

Santa Ángela de Mérici (s. XV-XVI) se dedicó a la educación de las jóvenes y fundó para ello la Compañía de Santa Úrsula (las ursulinas). No vivían en clausura, y ello les permitió salir al mundo para continuar enseñando y educando.

Los niños y niñas del santoral

El santoral incluye también a niños y niñas canonizados por su ejemplo de valentía y devoción a Dios, pues muchos de ellos tuvieron que enfrentarse a persecuciones y martirios a edades muy tempranas, y a pesar de ello se mantuvieron fieles a su fe.

Uno de los niños santos no mártires fue **santo Domingo Savio** (s. XIX). Era alumno de san Juan Bosco, fundador de los salesianos. Mostró siempre una gran devoción (su lema fue «antes morir que pecar») e incluso se le atribuye la fundación de una compañía, la

Compañía de la Inmaculada, cuyo reglamento, que él mismo escribió, fue leído y aprobado por san Juan Bosco. Ayudaba en la liturgia, y por eso se le considera el patrón de los monaguillos. Murió a los 14 años, al parecer a causa de una pulmonía.

Santa Jacinta y san Francisco Marto (principios del s. xx) solo tenían nueve y siete años cuando la Virgen de Fátima se apareció ante ellos mientras cuidaban de sus rebaños, pues los dos eran pastores. Les pidió que regresaran cada mes, lo cual hicieron sin fallar ningún día. Murieron al poco tiempo a causa de la gripe de 1918. Son los niños no mártires más jóvenes canonizados.

En cuanto a los mártires, entre los más jóvenes canonizados por la Iglesia figuran santa Inés de Roma, san Pancracio, los santos Justo y Pastor, y santa María Goretti.

Santa Inés de Roma (s. IV) se negó a casarse con el hijo del pretor de Roma. Deseaba preservar su virginidad. Por esta razón fue denunciada y condenada a la hoguera, pero viendo que sobrevivía a las llamas, fue degollada en ese mismo lugar. Tenía 12 años.

San Pancracio (s. IV) nació en una familia pagana, pero al llegar a Roma se convirtió al cristianismo en la época de las persecuciones del emperador Diocleciano, uno de los perseguidores más crueles. Se negó a ofrecer sacrificios a los dioses romanos y por esta razón fue arrestado. Frente al propio emperador, declaró su fe en el dios cristiano y se negó a renunciar al cristianismo. Murió decapitado con solo 14 años. Además de ser patrón de los jóvenes y niños, en muchos lugares se le venera como protector de la pobreza y se le piden salud y trabajo.

San Justo y san Pastor (s. IV) eran dos hermanos que habían nacido en la ciudad de Compluto, actual Alcalá de Henares. Con solo 7 y 9 años, se presentaron inocentemente ante Daciano, gobernador de Hispania en tiempos de Diocleciano, para confesar su fe. Este los detuvo y decidió azotarlos hasta que renegaran de ella. Como no lo consiguió, ordenó que fueran decapitados sobre una piedra. En el lugar se construiría más tarde una ermita, que a día de hoy es la catedral. Son patronos de la ciudad de Alcalá.

Santa María Goretti (s. XIX) murió con tan solo 11 años, resistiéndose a ser violada por su agresor, que finalmente, viendo que no lograría su propósito, la apuñaló. Ella le perdonó antes de expirar y su historia, ejemplo de valentía y perdón, la hizo merecedora de la canonización.

¿Santos o ídolos?

Fue tal la proliferación de imágenes y representaciones de santos entre los siglos XIV y XVI que en 1563 el Concilio de Trento tuvo que aprobar un decreto para reforzar el culto y defenderse de la Iglesia protestante, que empezó a acusar a los católicos de idolatría, de adorar imágenes y objetos en vez de a Dios.

Los católicos alegaron que no eran las imágenes en sí lo que se veneraba, sino aquello que estas representaban, y por tanto, «se deben tener y conservar, principalmente en los templos, las imágenes de Cristo, de la Virgen Madre de Dios y de otros santos, y que se les debe dar el correspondiente honor y veneración: no porque se crea que hay en ellas

divinidad, o virtud alguna por la que merezcan el culto [...] sino porque el honor que se da a las imágenes se refiere a los originales representados en ellas» (Concilio de Trento).

El Concilio insistió en que los santos eran «hombres escogidos por Dios», y a lo largo del siglo XVII surgieron más, muchos de ellos también mártires a causa de su fe. Nació la literatura de «vidas de santos y mártires». Y se sucedieron nuevos procesos de beatificación y santificación. A día de hoy, el santoral cuenta con siete mil santos reconocidos por la Iglesia católica. Algunos de los más recientes son santa Teresa de Calcuta, elevada a los altares por su trabajo con los pobres en la India, y san Juan Pablo II, por su papel en la caída del comunismo en la Europa del Este.

EL CAMINO A
LA SANTIDAD

El primer santo «oficial»

En el año 993, el emperador del Sacro Imperio Romano Germánico, Otón III, propuso al entonces papa Juan XV que proclamara santo a Ulrico de Augsburgo. Es la primera vez que se pide algo así a un papa. Hasta entonces, eran los propios cristianos del pueblo quienes elegían a sus santos, basándose en que habían muerto como mártires defendiendo su fe, habían llevado una vida virtuosa practicando la oración, la caridad y el amor al prójimo, o bien por sus milagros. Una vez elegidos, el obispo, tras pedir informes a los solicitantes y hablar con testigos presenciales sobre esos supuestos milagros, rechazaba o aprobaba la petición. Si la aprobaba, el cuerpo del santo era exhumado y trasladado a un altar y se le asignaba un lugar festivo en el calendario. En eso consistía el proceso de canonización.

El caso de Ulrico marca un antes y un después. Ulrico había sido el arzobispo de Augsburgo. Durante su vida había mandado construir numerosas iglesias para acercar la religión al pueblo llano y defendido valientemente a sus feligreses en las batallas contra los húngaros. Veinte años después de su muerte, el papa Juan XV accede a la petición del emperador y Ulrico es canonizado en un solemne acto. Se trata de la primera canonización realizada por un pontífice.

A partir de entonces los papas comienzan a tomar el control, para evitar la proliferación de santos casi elegidos al azar por el pueblo. -tanto es así que en siglos posteriores ciertos «santos» de los que apenas se sabía nada serán eliminados del calendario oficial-. Se suceden los decretos y documentos que establecen que solo ellos pueden decidir quién debe ser o no santo: en 1170 Alejandro III emite un decreto que niega las canonizaciones no autorizadas por el papa, y un siglo más tarde, en 1234, Gregorio IX se reserva el derecho de la canonización.

Ya en el siglo XVI, Sixto V crea la comisión que

investigará la vida y milagros de los candidatos para ayudar a decidir si son merecedores de la santidad: la Congregación para las Causas de los Santos, que continúa hoy en día. Todavía no existen en esa época unas normas específicas para la canonización, que tardarán un siglo en llegar. Es el papa Urbano VIII quien las desarrolla en 1634, con el objetivo de asegurar que existen razones suficientes para proclamar santa a una persona.

Las normas de Urbano VIII

Entre las normas de Urbano VIII se encuentra la prohibición expresa de venerar públicamente a un difunto como santo sin que antes lo autorice la Santa Sede. Esto implica no poder erigir altares para su culto ni celebrar misas en su honor, costumbre habitual en los primeros tiempos del cristianismo y frecuente en la Europa medieval.

Además, Urbano VIII establecerá un proceso legal para investigar a los candidatos que hace especial énfasis en la necesidad de verificar los milagros que se les atribuyan. Para ello se incluyen, en la Congregación de las Causas de los Santos, nuevos «expertos» encargados de esta labor: entre ellos, médicos que deberán comprobar que las curaciones supuestamente milagrosas no tienen explicación científica ni médica.

Finalmente, se decide esperar un tiempo prudencial entre la elección del santo y su canonización, con el fin de poder desarrollar una investigación exhaustiva

y no tomar decisiones precipitadas.

Con estas normas Urbano VIII burocratizó el proceso de canonización, lo cual lo enlenteció muchísimo. Pero era necesario, pensaba él, contar con un procedimiento serio y regulado que asegurara que los candidatos elegidos merecían realmente la santidad.

Aunque en los siglos siguientes hubo modificaciones, Urbano VIII creó el marco legal que continúa vigente hoy.

El proceso de canonización hoy día

En la actualidad, la canonización pasa por diversas etapas: un periodo de espera tras la muerte de la persona antes de comenzar los trámites, reunión de la documentación sobre el candidato en la diócesis, revisión por parte del Vaticano, beatificación y canonización.

Como no se establece un plazo fijo desde la propuesta hasta la canonización, este proceso puede durar desde un par de décadas hasta siglos.

Existen casos excepcionales de canonizaciones muy rápidas. Por ejemplo, los papas Juan Pablo II y Benedicto XVI dispensaron, respectivamente, a santa Teresa de Calcuta y a san Juan Pablo II del periodo de espera. Consideraron que ya en vida habían dado buena prueba de su santidad. Gracias en parte a esta dispensa, la canonización de la primera se completó en diecinueve años, y la del segundo en tan solo nueve años. Por el contrario, san Pedro Damián protagoniza una de las canonizaciones más largas de la historia: falleció en 1072 y no fue santo hasta 1828, más de ochocientos años después.

¿Por qué unas canonizaciones son más rápidas que otras?

Una de las circunstancias que aceleran el proceso de la canonización es la «fama de santidad» de una persona. Por ejemplo, si ya en vida eran conocidas sus «virtudes heroicas» y gozaba de esa reputación de santo o santa.

Las virtudes heroicas forman parte de la naturaleza de algunos cristianos, que son capaces de vivir las virtudes de la fe, esperanza, caridad, fortaleza, prudencia, templanza y justicia de manera heroica o extraordinaria. El papa Benedicto XVI las define así:

«para ser heroica una virtud cristiana debe capacitar a su dueño para realizar acciones virtuosas con extraordinaria prontitud, facilidad y placer, con autoabnegación y pleno control de las inclinaciones naturales». A lo largo de los siglos, han sido siempre un requisito necesario para la canonización.

En cambio, uno de los factores que harán más lento el proceso es la investigación en la fase inicial en la diócesis. Si existe mucha documentación que revisar o esta es compleja o, por el contrario, apenas hay documentos escritos o testigos que hablen a favor del candidato, llevará un tiempo reunir todo lo necesario antes de enviarlo al Vaticano. Por último, otra dificultad es, como en cualquier otro proceso, la cantidad de casos que deba revisar el Vaticano, pues en ocasiones hay una importante lista de espera.

Aun así, los plazos se acortaron mucho con la modificación de algunos procedimientos por parte de Juan Pablo II. Por ejemplo, actualmente es suficiente con demostrar dos milagros, y no los cientos que se exigían anteriormente. La diferencia es significativa: bajo el pontificado de Juan Pablo II se proclamaron más de mil trescientas beatificaciones y canonizaciones, frente a las pocas centenas que lograron sus predecesores en varios siglos.

† FASE DIOCESANA

El proceso de canonización se inicia en la diócesis del lugar donde fallece el candidato. El obispo de esta diócesis reúne pruebas de su vida y virtudes, declaraciones de testigos y escritos que dejó a su muerte. Una vez completada y revisada la documentación, se envía a la Congregación para las Causas de los Santos, en el Vaticano. Al acabar esta fase, que puede durar varios años, el candidato ya es llamado «siervo de Dios».

† REVISIÓN EN EL VATICANO

La Congregación para las Causas de los Santos, compuesta por teólogos, cardenales, historiadores y expertos, revisa toda la documentación enviada por la diócesis. Debe verificar que el candidato demostró a lo largo de su vida poseer virtudes heroicas.

El proceso guarda cierto parecido con un procedimiento judicial: la causa de la santificación es expuesta por un postulador, que ha de defenderla ante un «tribunal». Un funcionario canónigo conocido como «promotor de la fe» examina la propuesta, muestra sus dudas, la cuestiona e impugna si es preciso, como haría un abogado de la defensa (de hecho, antiguamente se le conocía como «abogado del diablo»). Estas dudas, si las hubiera, han de presentarlas ante la Congregación, que deberá aclararlas antes de continuar con el proceso.

Este exhaustivo procedimiento dura también varios años. Si se supera esta fase, la Congregación presenta una declaración de virtudes heroicas y el siervo de Dios recibe el título de «venerable».

† BEATIFICACIÓN

Para superar esta fase se debe comprobar que el candidato ha realizado al menos un milagro después de su muerte, gracias a la intercesión entre Dios y los hombres que se atribuye a los santos. Estos milagros suelen ser curaciones para las cuales no hay explicación científica, lo cual deben verificar los médicos y científicos de la Congregación.

Si supera esta fase, el papa procede a la beatificación del

venerable, que ahora se llamará «beato» o «beata». Desde este momento se le considera santo, puede recibir culto y se le asigna un día en el calendario para celebrar su fiesta.

† Canonización

Es la última fase del proceso. Para la canonización se requiere demostrar que el beato realizó un segundo milagro tras su muerte y posterior beatificación. Si se verifica este segundo milagro, se le otorga oficialmente el título de santo y podrá tener su culto universal en la Iglesia católica y su festividad en el calendario.

Una excepción es la canonización del papa Juan XXIII, declarado santo sin necesidad de obrar un segundo milagro. La Congregación emitió en este caso un informe favorable para poder proceder a su canonización basándose en otros motivos que podían sustituir a un milagro, como convocar el Concilio Vaticano II, un acontecimiento de suma importancia para la Iglesia. El informe fue aceptado por el papa Benedicto XVI, y Juan XXIII fue canonizado el 27 de abril de 2014, en la misma ceremonia que elevó a los altares a Juan Pablo II.

Algunos milagros que conmovieron al mundo

La mayor parte de los milagros que ha de verificar la Congregación del Vaticano se refieren a fenómenos de sanación. Es decir, curaciones inexplicables mediante la medicina o la ciencia y que se atribuyen a la intercesión divina.

La Congregación sigue unos criterios muy estrictos antes de declarar un milagro: la enfermedad que padecía la persona sanada debe ser incurable, la curación ha de producirse de manera repentina e inesperada y ha de ser completa, es decir, el enfermo no debe recaer. Se requieren testigos del milagro y, además, se valora la devoción del paciente para buscar la posible conexión con la Virgen o los santos a la hora de confirmar la intercesión.

Estos son algunos de los milagros más conocidos verificados por la Iglesia:

• La sanación de Floribeth Mora por san Juan Pablo II
Fue el segundo milagro de Juan Pablo II, el que decidió su canonización. Floribeth es una abogada costarricense que se recuperó de un aneurisma cerebral inoperable. Le habían dicho que no sobreviviría. La lesión desapareció completamente tras tener ella una visión en la que el pontífice le hablaba. Los médicos no pudieron explicar por qué había desaparecido.

• La curación de Pietro Di Giorgi por santa Teresa de Calcuta

Prácticamente desahuciado por los médicos a causa de los múltiples tumores cerebrales que padecía, Pietro Di Giorgi había perdido toda esperanza. Su esposa, en cambio, empezó a rezar a la madre Teresa de Calcuta, que entonces ya había sido beatificada por la Iglesia. Los tumores desaparecieron, Pietro se curó y los médicos nunca encontraron explicación a lo sucedido. El caso fue revisado por el Vaticano, que canonizó a la santa por este segundo milagro.

• La curación de Danila Castelli en Lourdes

En la década de 1980, Danila Castelli recibió un diagnóstico terrible: tenía tumores en la cavidad abdominal y en el páncreas. La operaron en varias ocasiones, sin éxito. Durante una peregrinación a Lourdes, se bañó en las piscinas del santuario y experimentó una notable recuperación. Se sentía curada. En las revisiones a su regreso a Italia no se halló rastro de los tumores. El milagro fue investigado durante más de veinte años, y finalmente los médicos certificaron que su curación no tenía relación con los tratamientos ni las cirugías a las que se había sometido, que era inexplicable. Fue la intercesión de la Virgen de Lourdes lo que curó a Danila.

• La curación de Jean-Pierre Bély en Lourdes

Jean-Pierre Bély acudió también al santuario de Lourdes y allí recibió los tres sacramentos de sanación de la Iglesia: la reconciliación, la eucaristía y la unción de enfermos. Padecía esclerosis múltiple y llevaba dos años en una silla de ruedas. Tras recibir los sacramentos, recuperó la sensibilidad de brazos y piernas y comenzó a moverlas. En su caso, el milagro se verificó tras once años de investigación.

• El milagro del último beato

La última persona nombrada beata por la Iglesia es Carlo Acutis, un joven informático que murió con solo 21 años a causa de una leucemia. Carlo había demostrado un gran amor por la Eucaristía y la palabra de Jesús. Decidió utilizar las redes sociales para transmitirlo y así llegó a mucha gente. Cuatro años después de su muerte, un niño brasileño que padecía una malformación que lo hacía vomitar constantemente pidió a Carlo en sus oraciones

que lo ayudara. Y así ocurrió. Las pruebas médicas demostraron que el niño se había curado. El papa Francisco consideró que Carlo, que para entonces ya era «venerable» según la Iglesia, había obrado un milagro y estaba preparado para la beatificación, que tuvo lugar en noviembre de 2019.

que se celebra en la plaza de San Pedro en el Vaticano. A ella suelen asistir miles de fieles, que llenan la enorme y majestuosa plaza. La lectura del decreto es sin duda el momento más especial de la ceremonia. El siguiente es un fragmento del decreto que anunciaba la canonización de san Juan Pablo II. Lo leyó el papa Francisco el 27 de abril de 2014. Fue una ceremonia muy emotiva, pues se celebró una misa conjunta entre el papa Francisco y el papa emérito, Benedicto XVI. La fecha se eligió por coincidir con el domingo de la Divina Misericordia, instituido por el propio Juan Pablo II durante su pontificado.

«En honor a la Santísima Trinidad, para la exaltación de la fe católica y el aumento de la vida cristiana, con la autoridad de Nuestro Señor Jesucristo, de los santos apóstoles Pedro y Pablo, y la Nuestra, después de haber reflexionado largamente, invocado muchas veces la ayuda divina y escuchado el parecer de muchos de nuestros hermanos en el episcopado,

¿Cómo se anuncia la canonización?

Una vez aprobada la canonización, debe anunciarse oficialmente mediante un comunicado y un decreto papal. El comunicado precede en unos meses al decreto, que se leerá durante una misa de canonización abierta al público declaramos y definimos que los beatos Juan XXIII y Juan Pablo II son santos y los inscribimos en el catálogo de los santos, estableciendo que en toda la Iglesia sean devotamente honrados entre los santos. En el nombre del Padre, y del Hijo, y del Espíritu Santo».

Tras esta lectura se cantó, como es costumbre en este tipo de ceremonia, la Letanía de los Santos, un antiguo canto en el que se pide la intercesión de los santos y se nombra a todos ellos. Cada vez que se produce una canonización, el nombre del nuevo santo se incorpora a la letanía.

Los santos que no salen en el calendario

¿Y qué sucede con los cristianos perseguidos en los tiempos del Imperio que también murieron defendiendo su fe, o con todas aquellas personas anónimas que llevaron a su práctica diaria las enseñanzas del Evangelio? Aunque nunca fueron canonizados ni tienen una fecha reservada exclusivamente para ellos en el santoral, la Iglesia les dedica un día del año: el 1 de noviembre, festividad de Todos los Santos.

Existen referencias de que esta fiesta se celebraba ya en el siglo IV, aunque se honraba únicamente a los mártires de las persecuciones. La fecha era entonces el 13 de mayo y fue elegida en el año 609 por el papa Bonifacio IV, quien transformó el antiguo panteón pagano en el que se adoraba a los dioses en una basílica consagrada a la Virgen y a los mártires.

En el siglo VIII, Gregorio III trasladó la festividad al 1 de noviembre para hacerla coincidir con el aniversario de la consagración de las reliquias que se celebraba en una capilla en San Pedro del Vaticano. Y el Día de Todos los Santos comenzó a difundirse por toda Europa.

Podría decirse que es la fiesta de los creyentes anónimos, aunque nunca olvidados. En el ángelus del 1 de noviembre de 2017 el papa Francisco la celebraba así: «Hoy es la fiesta de los que han alcanzado la meta indicada en este mapa. No solo los santos del calendario, sino muchos hermanos y hermanas "de al lado", a los que quizás hayamos encontrado y conocido. Hoy es una fiesta familiar, de mucha gente sencilla y oculta que en realidad ayuda a Dios a sacar adelante al mundo».

EL CULTO A LA
VIRGEN MARÍA

Un culto «especial»

La Iglesia católica establece tres tipos de culto. El culto de dulía es el que reciben los santos inscritos en el santoral o martirologio. El de latría se reserva únicamente a Dios. Y la Virgen María es, tal y como se afirma en el Concilio Vaticano II, «justamente honrada por la Iglesia con un culto especial» como Madre de Dios. Se trata del culto de hiperdulía, que se le da, sobre todo, en los lugares de apariciones marianas.

El evangelista que habló de María

Existen pocas noticias sobre la vida de María. Lucas es el evangelista que da más datos en su Evangelio, y el autor de la célebre escena de la aparición del ángel Gabriel, en la que anuncia a María que será madre de un niño, el Salvador.

La Anunciación se narra también en otro Evangelio, el de Mateo, pero esta vez es José, padre de Jesús, quien en sueños recibe la visita de un ángel, que le dice que el embarazo de su

prometida María es voluntad de Dios.

Los Evangelios de Marcos y Juan comienzan su relato cuando Jesús de Nazaret es adulto, y María aparece en las bodas de Caná, donde ya ejerce de intercesora al recordarle a su Hijo que no hay vino para los comensales, así como acompañando a Jesús en el Calvario.

Origen y desarrollo del culto

Los primeros cristianos entendieron enseguida que María merecía veneración por ser la madre de Jesús, y la adoraron en sus diferentes cultos. En el año 431 tuvo lugar el Concilio de Éfeso, donde se la declaró oficialmente Madre de Dios, es decir, se la hacía de esta manera partícipe de la divinidad de Jesucristo y se la consideraba mediadora e intercesora ante Dios. Además, se recalcaban sus valores de obediencia y aceptación de la voluntad divina.

A partir de entonces se le dedicaron himnos y oraciones, así como un templo en Roma: la basílica de Santa María la Antigua, construida en el siglo V, que es el monumento cristiano más antiguo conservado en el foro romano.

El culto a María fue consolidándose en posteriores concilios. En la Edad Media se erigieron en toda Europa en honor de la Virgen iglesias y catedrales, como la de Notre-Dame, en París. La orden cisterciense, que había sido fundada a finales del siglo XI, le dio una enorme importancia, hasta el punto de que la mayoría de las abadías que fundaron llevaron el nombre de María. Y uno de sus teólogos y místicos más importantes, Bernardo de Claraval, comenzó a alabar y difundir la devoción a la Virgen como Madre protectora y amorosa.

La Iglesia protestante cuestionó tal veneración, pues pensaba que le restaba importancia a Jesucristo. Pero a mediados del siglo XVI el Concilio de Trento puso fin a sus críticas reafirmando el papel de María en la Iglesia cristiana y la importancia de su intercesión.

Las representaciones de la Virgen eran ya muy frecuentes en el arte cristiano, pero ahora el Concilio recomendaba muy especialmente las de la Asunción, con María siendo transportada al cielo por los ángeles, y la Inmaculada, en la que pisa la serpiente del pecado original. El arte se ponía, también, al servicio de la liturgia.

Los dogmas

Ya en el siglo XX, el papa Pío XII proclama, en 1950, el dogma de la Asunción de María, según el cual fue llevada al cielo tras su muerte. Se completan y oficializan así los cuatro dogmas sobre la Virgen:
• La virginidad de María.
• María es Madre de Dios, pues su hijo Jesús es Dios encarnado.
• María concibió sin mácula,

es decir, sin el pecado original con el que nace el resto de los mortales.

• La Asunción de María al cielo tras su muerte y sepultura.

Finalmente, durante el Concilio Vaticano II, celebrado en 1962, se la declara Madre de la Iglesia y se la considera un modelo para los fieles. Las devociones marianas son, cada vez más, alentadas por los papas. En su encíclica *Rosarium Virginis Mariae*, el papa Juan Pablo II, gran devoto de la Virgen, afirma que «de todas las devociones, la que consagra y conforma un alma a nuestro Señor es la devoción a María».

El avemaría

En torno al siglo VI, los cristianos habían unido dos fragmentos procedentes de los Evangelios para crear una oración para María. Uno es el de la Anunciación narrada por Juan, con el saludo del ángel: «Dios te salve, llena de gracia, el Señor es contigo», con el que

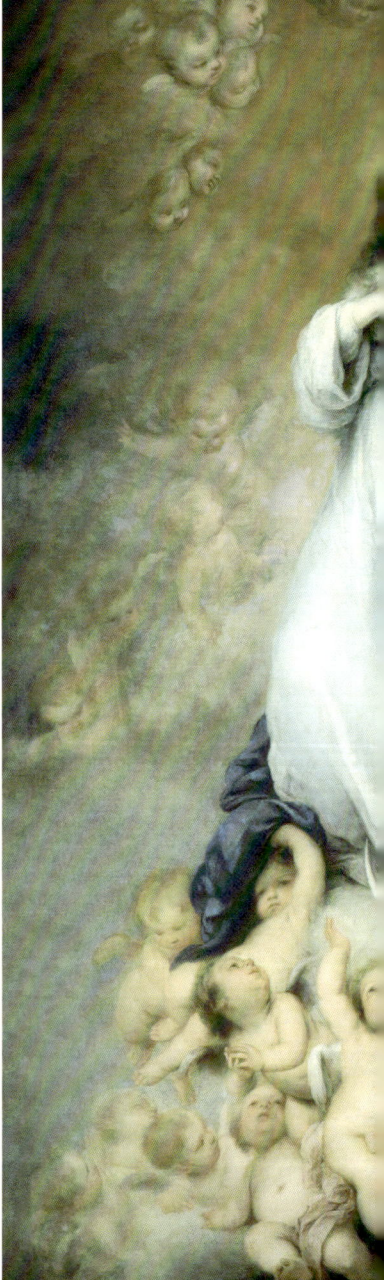

comienza la oración. Y otro es el de la Visitación, es decir, la visita que le hizo María, ya embarazada, a su prima Isabel, y que recogió Lucas. Al ver a María, Isabel exclamó: «Eres bendita entre todas las mujeres y bendito es el fruto de tu vientre».

Durante mucho tiempo, la oración se recitó únicamente con ambos versículos, a los que se añadía la palabra «amén». A veces se realizaban peticiones tras el rezo. Y durante el Concilio de Trento, celebrado entre 1545 y 1563, se añadió la segunda parte: el «ruega por nosotros» que ha perdurado hasta hoy. Es decir, el avemaría, uno de los pilares de la devoción cristiana, se construyó lentamente a lo largo de ¡un milenio!

Como era costumbre rezar hasta 150 avemarías, para poder llevar la cuenta se inventaron los «contadores» o rosarios. Al rosario con el recitado de avemarías se añadieron padrenuestros y pasajes de la vida de Jesús y su Madre, que dieron como resultado el rosario que hoy conocemos.

Las apariciones

Desde época medieval, coincidiendo con la consolidación del culto a la Virgen, se difundieron relatos de milagros y apariciones marianas, que enseguida pasaron a formar parte del culto.

En la actualidad, la Iglesia es muy cauta cuando se le comunica una aparición de la Virgen. El obispo de la localidad donde esta supuesta aparición tiene lugar convoca una comisión teológica. Se valoran los testimonios y se entrevista a los testigos. Además, los videntes han de demostrar credibilidad: sus relatos no deben contradecirse y han de ser personas mentalmente sanas. De las más de dos mil «apariciones» que se han producido en los últimos dos siglos, la Iglesia solo ha reconocido doce. Las más importantes son las de Guadalupe, en México (1531), Rue du Bac, en París (1830), La Salette, en Francia (1846), Lourdes, en Francia (1858), Fátima, en Portugal (1917), Banneux, en Bélgica (1933), Ámsterdam, en Holanda (1945), Akita, en Japón (1973) y Kibeho, en Ruanda (1981).

Un caso que a día de hoy aún no ha recibido el veredicto positivo de la Iglesia es el de Medjugorje, un pequeño pueblo de 2500 habitantes cercano a la localidad de Mostar, en Bosnia-Herzegovina. En junio de 1981, seis jóvenes aseguraron que la Virgen María se les aparecía y que, entre los mensajes que les transmitió, estaba la predicción de la terrible guerra que más tarde asolaría los Balcanes. Desde entonces, millones de personas de todo el mundo han visitado Medjugorje para rezar y escuchar a estos jóvenes, hoy ya adultos, que continúan narrando sus encuentros con la Virgen y transmitiendo los mensajes que supuestamente les hace llegar, lo que ha provocado innumerables conversiones. Tres de ellos aseguran que se les sigue apareciendo en los países donde ahora viven (dos de ellos en Italia y en Estados Unidos).

Las advocaciones

La Virgen María recibe numerosos «títulos» o advocaciones. La razón de ello es que su culto se adaptó, a lo largo de los siglos, a muy diferentes regiones y culturas. Cada advocación tiene, además, sus propias características, su fiesta en el calendario e incluso sus propios milagros.

Algunas de estas advocaciones surgieron tras las apariciones marianas en lugares concretos:

• La Virgen de Guadalupe se apareció al campesino chichimeca Juan Diego en 1531, en México. Es la patrona de México, América y Filipinas.

• La Virgen de Lourdes, con las apariciones a la joven Bernadette que tuvieron lugar en esta localidad francesa en 1858. Su santuario se convirtió en un importante lugar de peregrinación.

• La Virgen de Fátima se apareció en 1917 a tres pastores en Fátima, localidad de Portugal.

Además, María fue elegida patrona de ciudades, pueblos

y también de profesiones. Y así nacieron advocaciones como la de la Virgen del Carmen, patrona del mar y los pescadores, en localidades costeras cuyas gentes vivían de la pesca, principalmente en España. O la de la Virgen del Pilar, en Zaragoza, patrona de España y de la Guardia Civil, a la que se dedicó un santuario en la ciudad aragonesa.

Por último, se nombra a María en advocaciones dogmáticas, es decir, extraídas de los Evangelios y la liturgia: Nuestra Señora, Descendiente de David, Inmaculada Concepción o Reina del Cielo, entre otras.

Las advocaciones son tan numerosas que solo en el rezo del Rosario se cuentan 27 maneras de nombrarla.

Virgen de Guadalupe

Virgen de Lourdes

Las fiestas de la Virgen

Mayo es el mes dedicado a la Virgen desde antiguo. En la Edad Media ya se celebraban fiestas populares y religiosas en honor a la primavera que más tarde se asociarían con la figura de María. Entre las actividades marianas que se realizan en la actualidad como parte de la celebración destacan el rezo del Rosario y la coronación de la

Virgen de Fátima

Virgen, siempre con flores. Las flores son símbolo de pureza y belleza, cualidades que siempre se atribuyeron a la Virgen.

A lo largo del año, se la celebra en muy diversas fechas, dependiendo de la advocación y las tradiciones locales. Estas son las principales festividades marianas reconocidas por la Iglesia católica:

- 1 de enero: Santa María, Madre de Dios.
- 11 de febrero: Nuestra Señora de Lourdes.
- 25 de marzo: la Anunciación. Se celebra exactamente nueve meses antes de Navidad.
- 31 de mayo: Visitación de la Virgen María, en recuerdo de la visita que hizo María a su prima Isabel.
- 16 de julio: Nuestra Señora del Carmen.
- 15 de agosto: Asunción de la Virgen María.
- 8 de septiembre: Natividad de la Virgen María.
- 15 de septiembre: Nuestra Señora de los Dolores.
- 7 de octubre: Nuestra Señora del Rosario.
- 8 de diciembre: Inmaculada Concepción.

UN SANTO
PARA CADA DÍA

ENERO

1	Santa María, Madre de Dios
2	San Basilio el Grande y san Gregorio Nacianceno
3	Santa Genoveva
4	Beata Ángela de Foligno
5	San Simeón
6	Epifanía del Señor
7	San Raimundo de Peñafort
8	San Severino
9	San Eulogio de Córdoba
10	San Gonzalo
11	San Teodosio
12	San Nazario
13	San Hilario de Poitiers
14	San Félix de Nola
15	San Pablo, primer ermitaño
16	San Marcelo I, papa

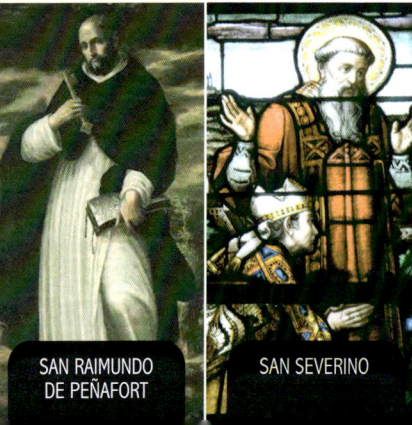

SAN RAIMUNDO DE PEÑAFORT

SAN SEVERINO

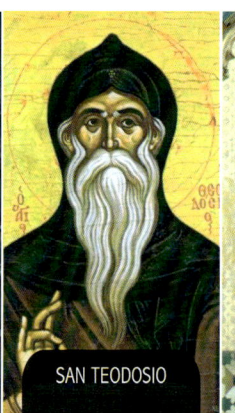

SAN TEODOSIO

SAN ANTONIO, ABAD

SANTA INÉS

SAN VICENTE

SAN ILDEFONSO DE TOLEDO

SANTO TOMÁS DE AQUINO

FEBRERO

SAN BLAS

SANTA DOROTEA

SAN JUAN DE MATA

SANTA ESCOLÁSTIC

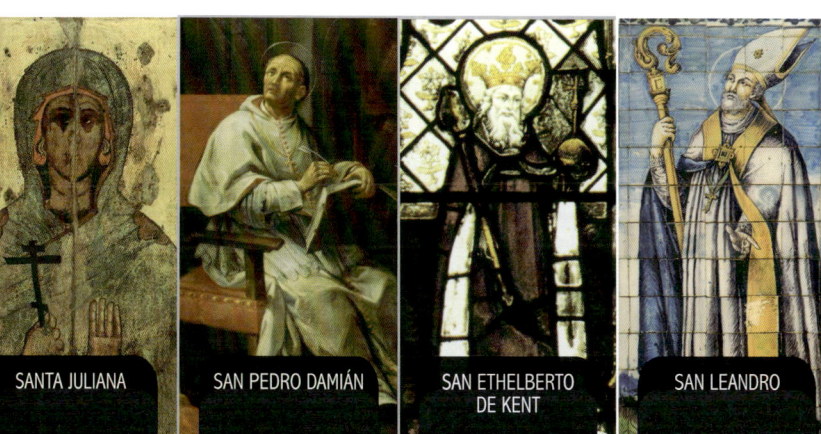

SANTA JULIANA

SAN PEDRO DAMIÁN

SAN ETHELBERTO DE KENT

SAN LEANDRO

Marzo

SAN CASIMIRO

SAN JUAN JOSÉ DE LA CRUZ

SANTA ROSA DE VITERBO

SAN RODRIGO

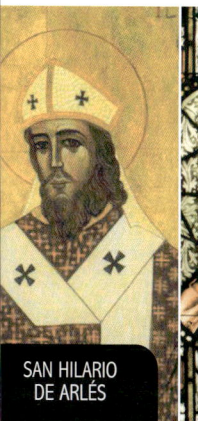

SAN HILARIO DE ARLÉS

SAN PATRICIO

SAN RUPERTO

SAN JUAN CLÍMACO

ABRIL

1	San Venancio	**9**	Santa Casilda de Toledo
2	San Francisco de Paula	**10**	Ezequiel, profeta
3	San Ricardo	**11**	San Estanislao
4	San Benito de Palermo	**12**	San Julio
5	San Vicente Ferrer	**13**	San Hermenegildo
6	San Celestino I, papa	**14**	San Valeriano
7	San Juan Bautista de la Salle	**15**	San Telmo
8	Santos Jenaro y Máxima	**16**	Santa Bernardette Soubirous

SAN FRANCISCO DE PAULA

SAN CELESTINO I, PAPA

SANTA CASILDA DE TOLEDO

SAN HERMENEGILDO

17 San Aniceto	**25** San Marcos, evangelista
18 San Francisco Solano	**26** San Isidoro de Sevilla
19 San León	**27** Nuestra Señora de Montserrat
20 Santa Inés de Montepulciano	**28** San Prudencio
21 San Anselmo	**29** Santa Catalina de Siena
22 San Cayo	**30** San Pío V, papa
23 San Jorge	
24 San Fidel de Sigmaringa	

SAN LEÓN

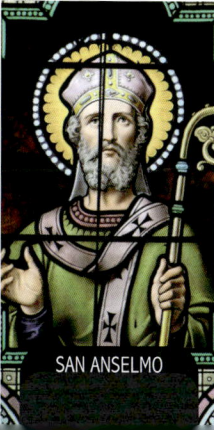

SAN ANSELMO

SAN FIDEL
DE SIGMARINGA

NUESTRA SEÑORA
DE MONTSERRAT

Mayo

1 San José Obrero

2 San Atanasio

3 Santos Felipe y Santiago

4 Santos Antonio Porfirio y Paulino

5 Santos Ireneo y Gregorio

6 Petronax, obispo

7 Santa Flavia Domitila

8 San Pedro de Tarantasia

9 Santa Luminosa

10 San Juan de Ávila

11 San Justino

12 Santo Domingo de la Calzada

13 Nuestra Señora de Fátima

14 San Matías

15 San Isidro Labrador

16 Santa Gema Galgani

SAN JOSÉ OBRERO

SANTA FLAVIA DOMITILA

SAN PEDRO DE TARANTASIA

SAN JUAN DE ÁVILA

SAN MATÍAS

SAN FELIX DE CANTALICIO

SAN TEOPOMPO

SANTA RITA DE CASIA

JUNIO

1	San Íñigo	**9**	San Efrén Sirio
2	San Marcelino y san Pedro	**10**	San Juan Dominici
3	Santa Clotilde	**11**	San Bernabé
4	Santa Ruth	**12**	San Juan de Sahagún
5	San Bonifacio	**13**	San Antonio de Padua
6	San Norberto	**14**	Eliseo, profeta
7	San Roberto	**15**	Santa María Micaela del Santísimo Sacramento
8	San Medardo	**16**	San Aureliano

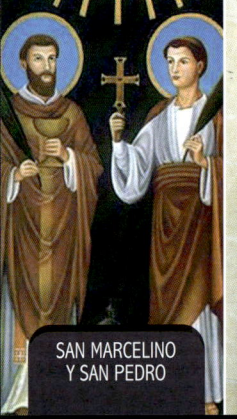

SAN MARCELINO Y SAN PEDRO

SANTA CLOTILDE

SAN BONIFACIO

SAN ROBERTO

SAN BERNABÉ

SANTO TOMÁS MORO

SAN JOSÉ CAFASSO

SAN CIRILO DE ALEJANDRÍA

JULIO

1	San Simeón el Loco, anacoreta	**9**	Santos Cirilo y Metodio
2	San Proceso y san Martiniano	**10**	San Cristóbal
3	Santo Tomás	**11**	San Benito
4	Santa Isabel, reina de Portugal	**12**	San Juan Gualberto
5	San Antonio María Zacarías	**13**	San Enrique
6	Santa María Goretti	**14**	San Camilo de Lelis
7	San Fermín	**15**	San Buenaventura
8	San Eugenio	**16**	Nuestra Señora del Carmen

SANTO TOMÁS

SANTA ISABEL, REINA DE PORTUGAL

SAN EUGENIO

SANTOS CIRILO Y METODIO

SAN JUAN GUALBERTO

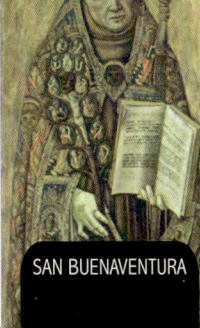

SAN BUENAVENTURA

SANTAS JUSTA Y RUFINA

SANTA MARÍA MAGDALENA

Agosto

1 San Alfonso María de Ligorio

2 Beato Pedro Fabro

3 San Pedro Julián Eymard

4 Juan Bautista María Vianney

5 Nuestra Señora de las Nieves

6 Santos Justo y Pastor

7 San Sixto

8 Santo Domingo de Guzmán

9 Teresa Benedicta de la Cruz (Edith Stein)

10 San Lorenzo

11 Santa Clara de Asís

12 Alejandro Carbonero, obispo

13 San Ponciano y san Hipólito

14 San Maximiliano Kolbe

15 La Asunción de la Virgen

16 San Esteban de Hungría

SAN ALFONSO MARÍA DE LIGORIO

BEATO PEDRO FABRO

JUAN BAUTISTA MARÍA VIANNEY

SAN SIXTO

SAN MAXIMILIANO KOLBE

SAN JACINTO DE CRACOVIA

SARA, MUJER DE ABRAHAM

SAMUEL, PROFETA

Septiembre

SAN MOISÉS

ZACARÍAS, PROFETA

SAN NICOLÁS DE TOLENTINO

SAN PAFNUCIO

SAN JUAN CRISÓSTOMO

SAN CIPRIANO

SAN ROBERTO BELARMINO

SANTOS COSME Y DAMIÁN

OCTUBRE

1	Santa Teresa del Niño Jesús		**9**	Abraham
2	Los Ángeles Custodios		**10**	Santo Tomás de Villanueva
3	San Francisco de Borja		**11**	Santa María Soledad Torres Acosta
4	San Francisco de Asís		**12**	Nuestra Señora del Pilar
5	San Atilano de Zamora		**13**	San Eduardo
6	San Bruno		**14**	San Calixto
7	Nuestra Señora del Rosario		**15**	Santa Teresa de Jesús
8	Pelagia y Tais, penitentes		**16**	Santa Margarita María Alacoque

SAN FRANCISCO DE BORJA

SAN BRUNO

ABRAHAM

SANTA MARÍA SOLED TORRES ACOSTA

17 San Ignacio de Antioquía		**25** San Frutos	
18 San Lucas, evangelista		**26** San Evaristo, papa	
19 San Pedro de Alcántara		**27** San Ciriaco	
20 San Daniel		**28** San Simón y san Judas	
21 San Hilarión		**29** San Maximiliano	
22 San Abercio		**30** San Marcelo	
23 San Juan de Capistrano		**31** San Alonso Rodríguez	
24 San Antonio María Claret			

VIRGEN DEL PILAR

SAN JUAN DE CAPISTRANO

SAN ANTONIO MARÍA CLARET

SAN FRUTOS

Noviembre

1	Festividad de Todos los Santos
2	Conmemoración de los Fieles Difuntos
3	San Martín de Porres
4	San Carlos Borromeo
5	Santos Zacarías e Isabel
6	San Severo
7	Santos Antonio y Carina
8	Los Cuatro Mártires Coronados
9	Nuestra Señora de la Almudena
10	San León Magno
11	San Martín de Tours
12	San Millán de la Cogolla
13	San Estanislao de Kostka
14	San José Pignatelli
15	San Alberto Magno
16	Santa Gertrudis

SAN CARLOS BORROMEO

SAN ZACARÍAS Y SANTA ISABEL

SAN JOSÉ PIGNATELLI

SAN ALBERTO MAGNO

SANTA GERTRUDIS

ABDÍAS, PROFETA

SAN LEONARDO DE PORTO MAURIZIO

SANTA CATALINA LABOURÉ

DICIEMBRE

1 San Eloy		**9** Santa Leocadia	
2 Santa Bibiana		**10** Santa Eulalia de Mérida	
3 San Francisco Javier		**11** San Dámaso	
4 San Juan Damasceno		**12** Nuestra Señora de Guadalupe	
5 San Sabas		**13** Santa Lucía	
6 San Nicolás de Bari		**14** San Juan de la Cruz	
7 San Ambrosio		**15** San Valeriano obispo	
8 La Inmaculada Concepción		**16** Santa Adelaida	

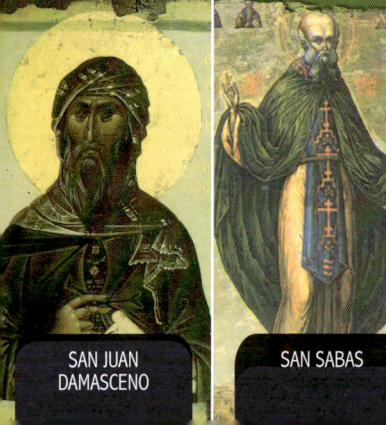

SAN JUAN DAMASCENO

SAN SABAS

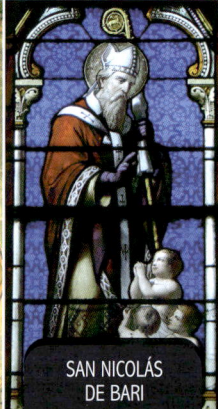

SAN NICOLÁS DE BARI

LA INMACULADA CONCEPCIÓN

SANTA EULALIA DE MÉRIDA

SANTO DOMINGO DE SILOS

SAN PEDRO CANISIO

DAVID, REY Y PROFETA